AF250403

DISCOURS

PRONONCÉ

A L'ASSEMBLÉE GÉNÉRALE

DU DISTRICT

DE SAINT-LOUIS-DE-LA-CULTURE,

*PAR M. DE ROZOI, Membre du Comité de
ce District, & son vice-Secrétaire.*

24 Juillet 1789.

MESSIEURS,

LES douze Commissaires, nommés par
vous pour travailler à donner des bases à la
constitution nouvelle, remplissent un devoir

A

bien cher à leur patriotifme, en vous invitant à vous raffembler aujourd'hui.

Jamais LA COMMUNE de ce Diftrict n'a pu réunir fes vœux, fes fuffrages & fes travaux dans un moment plus intéreffant pour elle, ainfi que pour tous les Citoyens. Enfin la Concorde rapproche tous les efprits & l'amour du bien tous les cœurs. On n'a plus qu'une même paffion, celle du bonheur public : mais on aura la même récompenfe, celle d'une gloire durable.

Ce mot générique, qui embraffe tous les états & toutes les conditions ; ce mot LA COMMUNE, vous offre, Meffieurs, le tableau du chef-d'œuvre de l'ordre focial. Plus de vaines diftinctions entre les Membres du grand Tout, entre les enfans d'une même Patrie. Le Guerrier depuis l'Officier Général jufqu'au Soldat, le Miniftre des autels, qui n'eft plus qu'un Miniftre de paix & de confolation ; le Laboureur, le Négociant, le Manufacturier ces peres nourriciers de l'État ; l'Artifte qui crée par fon induftrie une nou-

(3)

velle branche de commerce, l'Artifan, le Journalier lui-même, dont chaque inftant de la vie eft un tribut payé à nos befoins, Tous font égaux aux yeux de la Patrie; la Commune eft formée par l'affemblage de leurs talens, de leurs vertus, de leurs travaux. Pas un feul d'entre eux, qui puiffe en être exclus, ou qui ait le droit de ne pas s'y rendre; parce que fi jamais un frere ne peut être oublié ou méconnu par fes freres, il ne peut à fon tour ni les oublier ni les méconnoître.

Ainfi, Meffieurs, notre réunion dans un même lieu eft l'acte le plus folemnel de l'amour fraternel : c'eft un des articles du pacte, qu'il nous a fait contracter.

Lorfque ce premier des devoirs eft rempli, le fecond eft que ceux, à qui la Commune a daigné confier fes intérêts, viennent au fein de leurs Mandataires leur rendre compte de la plus fainte des miffions. Vous aviez nommé, Meffieurs, douze Commiffaires : ils fe préfentent devant vous avez cette no-

ble affurance, que leur donne non leur confiance dans leurs lumieres, mais la pureté
de leurs intentions. Leur élection, c'eft-à-
dire la fanction des pouvoirs, qu'ils avoient
reçus de vous, n'étoit que verbale : mais elle
n'en eft que plus facrée & pour eux & pour
vous. La parole donnée par la COMMUNE
affemblée eft le contrat le plus faint, puif-
qu'il eft fous la fauvè-garde de la foi publique. Et voilà, Meffieurs, de ces Loix, qui
comme celle de l'Honneur, n'ont pas befoin
d'être écrites pour refter gravées dans les
cœurs.

Les douze Commiffaires élus par vous,
Meffieurs, ont fait rédiger jour par jour un
compte rendu de leurs travaux, de leurs
veilles, de leurs efforts pour répondre à la
confiance dont vous les aviez honorés. Ils
vont vous en faire faire la lecture.

Mais comme lorfque l'on vient rendre
compte de fa geftion, on ne doit pas même
s'expofer au plus léger foupçon de vouloir
féduire fes Commettans, chacun d'eux s'eft

engagé par une parole d'honneur à point éle-
ver la voix dans cette assemblée. Quel homme
ne pourroit pas avoir l'art de se faire faire
quelque question insidieuse , pour donner
lieu à quelque réponse plus insidieuse encore ?

Vos Commissaires ont choisi celui, qui,
les ayant présidé provisoirement, n'a point
quitté le Bureau. C'est à lui, qu'est remis le
soin de répondre aux questions, que vous
croiriez, Messieurs, avoir à faire ; nul autre
de vos Mandataires ne prendra la parole ,
qu'interpellé par lui en votre nom. Tout ce
qui pourroit altérer ce calme heureux d'une
concorde touchante, doit avoir été prévu.

Assez, depuis quelque temps, la Patrie a
pleuré en larmes de sang les maux dont ses
enfans ont souffert. Vous, Messieurs, vous,
partie si chere pour nous de cette famille,
dont le courage égale les dangers , vous
n'aurez point à nous reprocher , que nous
ayons rien hasardé qui pût troubler la paix
de cette COMMUNE , dont le bonheur est le
gage du nôtre.

Vous allez entendre le récit de ce que le patriotifme a fait pour concourir au bien général. S'il vous refte quelque éclairciffement à demander, nous vous en conjurons au nom de tous les fentimens qui honorent & confolent l'Humanité, que chacun de vous fe dife; c'eft un frère que j'interroge, c'eft un frère qui va me répondre.

Ici la lecture du compte rendu a été faite par le Secrétaire; après cette lecture, le vice-Secrétaire a continué ainfi :

Citoyens, vous venez d'entendre ce récit fidèle des délibérations & des travaux, qui ont déja fignalé le zèle & la vigilance de vos Commiffaires & de ceux qu'ils avoient crû devoir s'affocier. S'agiffoit-il des fubfiftances ? Auffitot ceux d'entre-eux à qui les denrées, les comeftibles, le veftiaire étoient le mieux connus, couroient où les befoins des Citoyens les appelloient. S'agiffoit-il de police militaire ? Des Guerriers refpectables, des Soldats de la Patrie oublioient leur âge, leurs infirmités, leurs anciennes bleſſures. Qui donc eût travaillé auſſi bien qu'eux avec le Commandant Général de votre Milice, avec le bureau Militaire établi à l'Hôtel-de-Ville ? Qui auroit pû auſſi bien qu'eux donner le mot aux Patrouilles, les diſtribuer, les conduire, leur inſpirer le véritable eſprit de la diſcipline militaire ? Un autre de vos Commiſſaires (daignez, Meſſieurs, redoubler d'attention) ayant appris, que les Soldats & les Ouvriers employés à la Baſtille ſoupçonnoient que le pain, la viande, le vin, l'eau même qu'on leur préſentoit, étoient infectés de poiſon, & refuſoient d'en faire uſage, crut devoir donner un démenti ſolemnel à cette erreur trop funeſte : Il eut la généroſité d'en faire l'épreuve ſur lui même (1) & ce trait de courage raſſura vos deffenſeurs ; il hâta la démolition de ce Château redoutable, tombeau de tant de victimes.

____

(1) Ce Citoyen mérite d'être nommé ici : il s'appelle M. *Comperot.* Voilà un de ces traits, qu'*Ariſtide* ou *Fénélon* n'euſſent point déſavoué.

(8)

D'autres, que leurs affaires appelloient au Barreau, dans leurs comptoirs, dans leurs atteliers, oublioient leurs propriétés, leurs femmes, leurs enfans. Et pourquoi ? Parcequ'ils avoient à veiller fur la confervation de vos enfans, de vos femmes, de vos propriétés.

En attendant le grand ouvrage de la conftitution publique, dont s'occupe l'Affemblée Nationale, il falloit préparer les moyens de fixer la Municipalité de la Capitale. — Vous vous attendriffez, Citoyens généreux, au récit de tant de devoirs. Vous étes tous Époux, Peres, Français. — Vous n'êtes point faits pour être ingrats. — Mon cœur, qu'un moment fi doux pénètre du plus noble attendriffement, vous entend déja confirmer l'ouvrage de vos Commiffaires, ou plutot le votre ; c'étoit votre efprit, qui les animoit ; lorfqu'ils parloient, lorfqu'ils agiffoient, ils cherchoient au fonds de leur cœur comment les vôtres euffent agi & parlé, — Leurs veilles, leurs jours, toute leur

exiſtence eſt encore à vous. — Qu'attendent-
ils pour prix de ce tribut ; — c'eſt que vous
confirmiez la nomination premiere, qui vous
engageoit envers eux, comme elle les engageoit envers vous. — B en plus, Meſſieurs,
l'ordre public ſemble exiger que le nombre
des membres qui formoit le Comité provi-
ſoire ſoit porté juſqu'à celui de 50, afin que
vous ayez vous même le plaiſir d'en faire
le choix. Les nouveaux Mandataires ſe pénè-
treront de la même émulation. Ce ſera,
Meſſieurs, une ſanction nouvelle, qu'ils iront
reporter dans le ſein de leurs familles, comme le plus beau de leurs titres. — Des
larmes de joie couleront, & la Patrie ſera
fiere, qu'il n'y ait pas un ſeul de ſes enfans,
qui par ſes vœux, ſes ſuffrages ou ſes ſenti-
mens n'ait contribué à la félicité de la Mere
commune.

LE choix des premiers Commiſſaires ayant été confirmé, & la nomination des nouveaux ayant été faite, le vice-Secrétaire ayant demandé la parole, fit la motion ſuivante.

O mes Concitoyens, mes Freres, mes compagnons de patriotiſme & de dangers, permettez que le cœur encore ému de la reconnaiſſance, que je vous dois, je conſacre ce jour, où notre Comité reçoit de vous la ſanction la plus ſolemnelle, par une motion, que vous ne pouvez trop vous hâter de rendre publique.

La plus heureuſe révolution a tout changé : le Peuple & le Roi ne ſont plus qu'un. Si quelque Nation rivale de la nôtre jouïſſoit en ſecret du ſpectacle de nos douleurs, elle va du moins apprendre à nous connaître.

Bientôt on va détruire juſqu'en ſes fondemens cette fortereſſe horrible, ce monument de notre ſervitude, que nos Peres & nous même ne pouvions regarder ſans pâlir, nous fur-tout, qui ne cherchions jamais le foleil levant, fans voir ces tours, fous les quelles des fouterrains obfcurs pouvoient être autant de bouches infernales, qui euffent vomi fur nous la mort.

Que dis-je ? Ce n'eft point affez de détruire cette forterefle exécrable : que de ces mêmes pierres dont on avoit conftruit ces cachots, où l'homme chargé de fers invoquoit la mort, on bâtifle un monument, au pied du quel tout Citoyen conduife fa famille & chante des hymnes à la Liberté. Qu'il s'élève fur fes ruines une pyramide, où les infcriptions les plus fimples & les plus nobles offrent d'un côté le récit de cet acte héroïque, de l'autre les noms de ceux qui le préparerent en préfidant à la création de la Milice Parifienne. Ces noms là font les premiers, que nos enfans doivent apprendre aux leurs. Affez les monumens publics ont été pour le luxe & pour l'orgueil : qu'ils foient enfin pour le civifme & pour la vertu.

Mais pour éternifer à jamais le fouvenir de ces jours folemnels, ô mes Concitoyens, que vous avez encore un beau devoir à remplir !

Vous fouvient-il, comme la République des Etats-Unis fe fit gloire de confacrer le beau trépas des premiers Américains, qui moururent pour la caufe de la Patrie. J'en prends à témoin le Héros nommé par acclamation Commandant Général de la *Milice Parifienne*, & qui le premier de la Nobleffe Françaife combattit pour la liberté de l'Amérique.

Citoyens, au nom de ce que la gloire & la reconnaiffance ont de plus touchant faites

---

Déja fur une motion faite par M. le Curé de Saint - Paul, en faveur de la nommée *Marie-Denife Gruy*, veuve du nommé *Antoine Héfart* mort des fuites des bleffures, qu'il avoit reçues à l'attaque de la Baftille, mère d'un enfant en bas âge & fe trouvant enceinte en ce moment, le Comité avoit délibéré d'accorder à cette veuve une fomme de 30 livres par mois jufqu'après fa délivrance, & de plus que le Comité tiendra fur les fonds de baptême l'enfant dont elle eft enceinte. — On a ftatué par une fuite de la même délibération unanime, que cette adoption tant au fpirituel qu'au temporel de l'enfant à naître étoit pour une motion en faveur de ces braves gens, qui ont été frapés de mort en conquérant la Baftille. Confolons par ce jufte tribut leurs femmes, leurs enfans, la Patrie elle même.

L'or ne paye pas une pareille conquête. Fefons d'après les recherches les plus exactes & dans les quelles chaque Diftrict de la COMMUNE voudra bien nous feconder, une lifte des Citoyens morts pour nous : dépofons la entre les mains des Repréfentans de la Nation, & qu'elle foit écrite dans les faftes du Peuple Français, à l'article facré, LIBERTÉ.

Je finis, Meffieurs, par l'idée, qui peut-être eft la plus digne de vous. fi mon cœur ne fe fait point illufion.

---

chacun des Membres un engagement d'honneur trop cher à leur fenfibilité, pour qu'en aucun temps ils ceffaffent d'y être fi fèles. En conféquence il a été ftatué, que l'on remettroit à M. le Curé de Saint-Paul, une copie de la délibération, à fin que dans tous les cas il pût appeller chacun des Citoyens. qui compofent aujourd'hui le Comité à venir contribuer aux befoins & à l'éducation de l'enfant adopté par eux.

Délibérez & sanctionnez, Messieurs, que chaque année on célèbre à l'Hôtel de Ville l'anniverfaire de ce jour à jamais fameux dans dans nos annales ; que le DIX-SEPT DE JUILLET, ce jour auquel le Roi eft venu fe jetter dans les bras de fon Peuple, foit pour LOUIS XVI, ce que le VINGT-DEUX MARS fut pour HENRI IV ; avec cette différence, que tous les Hiftoriens doivent bien faire remarquer aux fiecles à venir; c'eft que le 22 Mars, c'étoit le Roi, *qui retrouvoit fon Peuple*, & que le 17 de Juillet, *c'étoit le Peuple qui retrouvoit fon Roi ;* qu'enfin, Meffieurs, le DIX-SEPT de Juillet de cette année foit de génération en génération un jour confolant pour les vrais Patriotes, inftructif pour les Magiftrats, effrayant pour les Agens du defpotifme, glorieux pour les Rois, qui fçauront que le premier titre à être aimés, à être crus de leur Peuple, c'eft de ne croire qu'à lui, de n'aimer que lui.

F I N.

MEMBRES

DU COMITÉ PERMANENT

DU DISTRICT

DE SAINT-LOUIS-DE-LA-CULTURE.

MESSIEURS,

Chappuzeau, Préfid.	Solomé.
De la Rozière, Vice-Préfident.	Pinon Colonel de la Garde Bourgeoife.
De Beaurepaire, Sec.	Venet, Lt. Colonel.
De Rozoi, Vice Sec.	Pinon de S. Georges.
De Faronville.	Lardin.
Lefcot.	Liautaud.
Le Curé de S. Paul.	De Vouges de Paffy.
Bernard.	Pawlet.
Le Procureur de la maifon de S. Louis	Phelipon.
Panis.	Macault.
De Sainte-Avoye.	De Monfure.
Coutans.	Samfon.
Bizeau.	Déyeux.
	Pelletier.

Ameilhon.
Gaudot.
Vignon.
Fougeroux.
Bichebois.
Langlois.
Felix.
Denis.
Lavoizier.
Le Prieur de la maiſ. de S. Louis.
Prevot.
Colinet.

Florent.
Le Bas.
Comperot.
Metereau.
Hocquart.
Beſnard
Poitevin Ir. Vic. de S. Paul.
De Boiſchevallier.
De S. Martin.
de Vouges.
Franchet.

Vu bon pour être imprimé, au Comité, le 27 Juillet 1789.

CHAPPUZEAU, Préſident.

Nota. On a mis dans cette liſte tous les noms ſans aucune qualité; Chevaliers, Grand'Croix d'ordres, Membres de Cours Souveraines, Académiciens, Négocians, Juriſconſultes, tous n'ont voulu qu'un ſeul titre, celui de Citoyen.

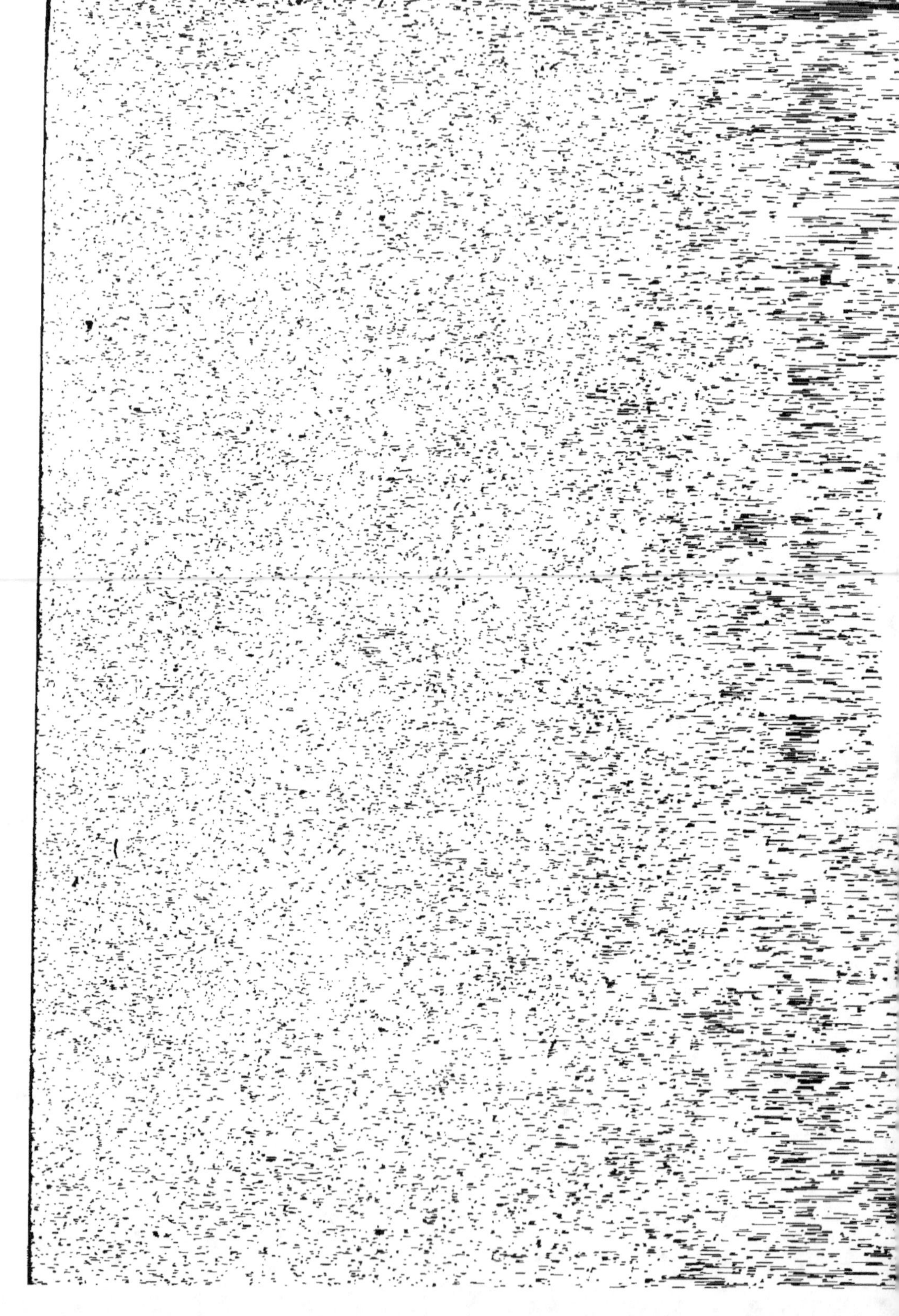